AF469969

SUCCESSION HENRI BORDES

DE

BORDEAUX

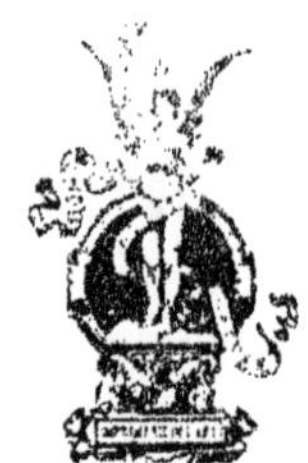

CATALOGUE

DES

Tableaux Modernes

PASTELS — AQUARELLES — DESSINS

Par

BAIL (JOSEPH), BROWN (JOHN LEWIS), CHAPLIN, DELACROIX (EUGÈNE),
DETAILLE, FRANÇAIS, GAVARNI, HARPIGNIES,
JONGKIND, LELOIR (LOUIS), MEISSONIER, MOREAU (GUSTAVE),
NEUVILLE (ALPHONSE DE), NOEL (JULES), ROCHEGROSSE, VIBERT, ETC.

ESTAMPES IMPRIMÉES EN NOIR ET EN COULEURS

ANCIENNES FAIENCES & PORCELAINES

Françaises et Etrangères

ÉMAUX, IVOIRES, OBJETS D'ART, MEUBLES

SIÈGES COUVERTS EN ANCIENNE TAPISSERIE

TAPISSERIE DU XVIᵉ SIÈCLE

Composant la Collection de feu M. Henri Bordes, de Bordeaux

ET DONT LA VENTE, PAR SUITE DE SON DÉCÈS, AURA LIEU A PARIS

HOTEL DROUOT, SALLE N° 1

LES JEUDI 1ᵉʳ ET VENDREDI 2 JUIN 1911

à deux heures

COMMISSAIRES-PRISEURS

Mᵉ ANDRÉ DESVOUGES
Successeur de M. Maurice DELESTRE
26, rue de la Grange-Batelière

Mᵉ ROBERT BIGNON
41, rue de la Victoire
PARIS

EXPERTS

Pour la Céramique :	Pour les Tableaux :	Pour les Objets d'Art :	Pour les Gravures :
M. CAILLOT	**M. HENRI HARO**	**MM. MANNHEIM**	**M. LOYS DELTEIL**
52, rue de la Victoire	14, rue Visconti	7, rue Saint-Georges	2, rue des Beaux-Arts

---

EXPOSITION PUBLIQUE

Le Mercredi 31 Mai 1911, de 1 heure et demie à 5 heures et demie

CONDITIONS DE LA VENTE

—

Elle sera faite au comptant.

Les adjudicataires paieront *dix pour cent* en sus des enchères.

L'exposition mettant le public à même de se rendre compte de l'état et de la nature des objets, aucune réclamation ne sera admise une fois l'adjudication prononcée.

ORDRE DES VACATIONS

Le Jeudi 1ᵉʳ Juin 1911

Céramique. . . . . 1 à 90
Dessins, Estampes . . . . 91 à 130

Le Vendredi 2 Juin 1911

Tableaux. . . . . 131 à 179
Objets d'art, Meubles . . . . 180 à 225

Paris. — Imprimerie de l'Art, Ch. Berger, 41, rue de la Victoire.

DÉSIGNATION

ANCIENNES
FAIENCES FRANÇAISES

2ao
Abbadie

1 — **Bordeaux.** Très grand plat à bord contourné, décor polychrome. Au fond, armoirie double ayant de chaque côté un
amour. Inscription à la partie inférieure : *Cartus Burdig*.
Le marli est couvert d'un lambrequin composé de mascarons, quadrillés, trois cartouches contenant des initiales et
ornements divers.

Diam., 50 cent.

Jao
le même

2 — **Bordeaux.** Pot à eau à anse torse et sa cuvette forme
coquille, décor polychrome composé d'une armoirie double
surmontée d'une couronne de comte, de guirlandes fleuries
et ornements divers.

Long. de la cuvette, 33 cent.
Haut. du pot, 23 cent.

1 680

3 — **Bordeaux.** Paire de grands vases couverts forme potiche
à double renflement et piédouches. Décor polychrome de
guirlandes de fleurs et feuillages, godrons, filets et ornements divers.

Haut., 69 cent.

4 — **Bordeaux.** Très grand plat rond, décor polychrome. Le fond est couvert d'un motif dans le goût de Bérain avec médaillon ovale central renfermant deux amours sur une balançoire et l'inscription : *Mad^e Castaing Sousprieure de Lannonciade (sic)*. Au marli, lambrequin avec guirlandes.

Diam., 52 cent.

5 — **Bordeaux ou Samadet.** Écuelle ronde à oreilles plates découpées et ajourées et son couvercle, décor bleu, jaune et vert de lambrequins, quadrillés, guirlandes et ornements divers. A l'intérieur, grand médaillon contenant une dame tenant un éventail de la main droite et un perroquet sur le poing gauche. Inscription : *Mademoiselle Martineaud.*

Diam. du couvercle, 17 cent.

6 — **Bordeaux.** Assiette à bord contourné, décor polychrome. Au fond, grand motif composé de quatre mascarons alternés de corbeilles de fleurs et ornements divers entourant deux écussons accolés. A la partie inférieure, l'inscription : *Cartus Burdig.* Sur le marli, un lambrequin.

Diam., 24 cent.

(*Vente Alexandre Léon. Bordeaux, février 1896.*)

7 — **Goult.** Pot à eau et sa cuvette à huit pans, décor polychrome composé de motifs rocailles, quadrillés, branchages fleuris, oiseaux, insectes, écureuil et ornements divers.

Long. de la cuvette, 37 cent.
Haut. du pot, 215 millim.

8 — **Goult.** Plat de forme oblongue à bord découpé, décor polychrome. Au fond, grand médaillon à encadrement rocaille contenant, en camaïeu jaune, deux personnages dans un paysage avec habitation. Sur le marli, rinceau de fleurs, quadrillés, coquilles et ornements divers.

Long., 365 millim.

9 — **Marseille.** Deux assiettes à bord contourné, décor polychrome de grands bouquets de fleurs.

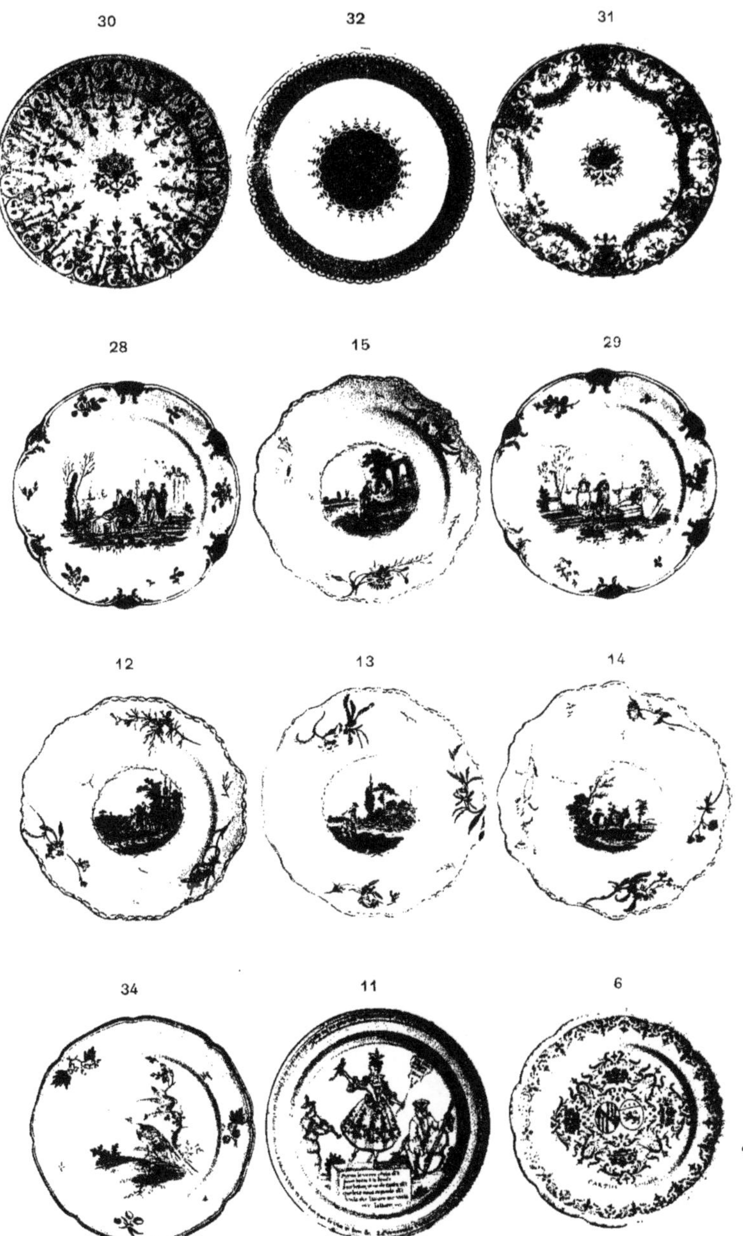

10 — **Marseille**. Légumier de forme carrée et rocailles en relief, à anses ajourées, sur quatre petits pieds et son couvercle avec branchage de feuillages et fruits en haut-relief formant poignée. Décor polychrome de grands bouquets de fleurs et feuillages.

Larg. avec les anses, 29 cent.
Haut., 21 cent.

(Vente Henry Brochon. Bordeaux, mars 1896.)

11 — **Marseille**. Assiette, décor camaïeu bleu. Grand médaillon couvrant tout le fond, renfermant une danseuse et deux musiciens. La danseuse montée sur un tremplin, tenant de la main droite un oiseau et de l'autre une houlette avec l'inscription : *Un peu d'allure me sied bien.* Au bord, sur tout le pourtour et aux pieds de la danseuse, couplets. *Cette pièce est connue sous le nom d'assiette à la Camargo.*

Diam., 235 millim.

(Vente Henry Brochon. Bordeaux, mars 1896.)

12 — **Marseille**. Assiette à bord contourné, décor polychrome. Au fond, médaillon encadré d'un ornement en or renfermant un paysage avec deux personnages, dont un cavalier et une femme tenant un âne par la bride. Sur le marli et à la chute, trois bouquets de fleurs et feuillages. Au bord, petite dentelle or.

(Jolie pièce provenant de la vente Henry Brochon, mars 1896.)

Diam., 25 cent.

13 — **Marseille**. Assiette du même service que la précédente, mais avec sujet différent.

(Vente Henry Brochon, mars 1896.)

14 — **Marseille**. Assiette du même service que les deux précédentes, mais avec sujet différent.

(Vente Henry Brochon, mars 1896.)

15 — **Marseille.** Assiette du même service que les trois précédentes, mais avec sujet différent.

(*Vente Henry Brochon, mars 1890.*)

16 — **Marseille.** Corbeille ovale ajourée à anses, décor polychrome et or. Sur chaque face, un grand cartouche renfermant un joli paysage avec personnages en costumes
Louis XV, entouré d'ornements rocailles or.

Long., 33 cent.; larg., 22 cent.; haut., 135 millim.

(*Vente Henry Brochon. Bordeaux, mars 1896.*)

17 — **Moustiers.** Fontaine formée d'un vase rond sur piédouche
avec mascaron en relief, au déversoir, et mufles de lions de
chaque côté, et son couvercle. Décor camaïeu bleu dans le
goût de Boulle.

Haut., 52 cent.

18 — **Moustiers.** Bassin de forme ovale avec anses cordées, sur
trois petits pieds. Décor camaïeu bleu dans le goût de Bérain.
Cette pièce peut compléter le numéro précédent.

Long., 44 cent.; haut., 13 cent.

19 — **Nevers.** Grand plat rond, décor camaïeu bleu, le fond est
couvert d'un paysage avec cinq personnages, dont l'un, mar-
chant en tête, joue du violon. Au marli, bouquet de fleurs,
feuillages et oiseaux.

Diam., 435 millim.

(*Vente du comte d'Yanville, février 1907.*)

20 — **Nevers.** Pichet forme broc, à la partie supérieure de l'anse
existe un sifflet. Décor bleu, vert et deux tons de jaune. Sur la
panse, ornements dans le goût de Bérain, avec un gentil-
homme et une dame tenant un cœur; aux pieds de l'homme
dans un cartouche, l'inscription : *Depuis longtemps, mon
cœur vous désire*; et aux pieds de la dame l'inscription : *Il y
a longtemps que le mien soupire.* Au-dessous de l'anse l'inscription : *Le jus comblera nos plaisirs, 1728. (Pièce de la
plus grande rareté.)*

Haut., 25 cent.

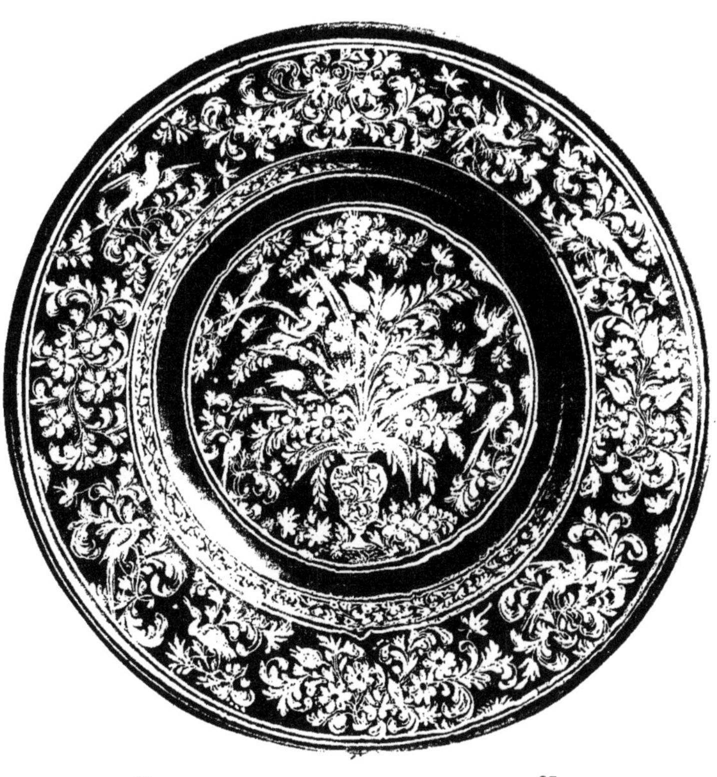

21

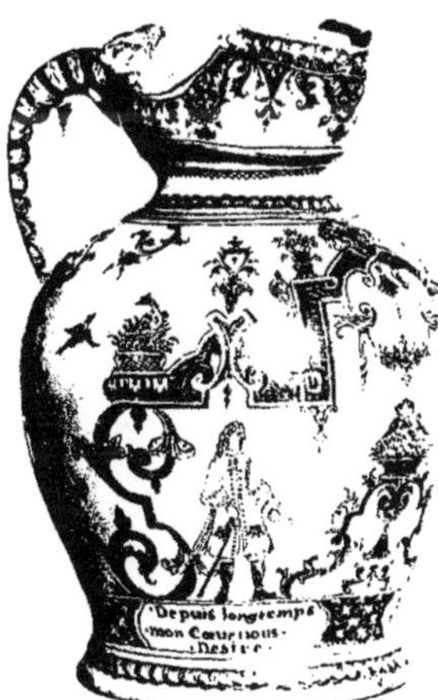

20

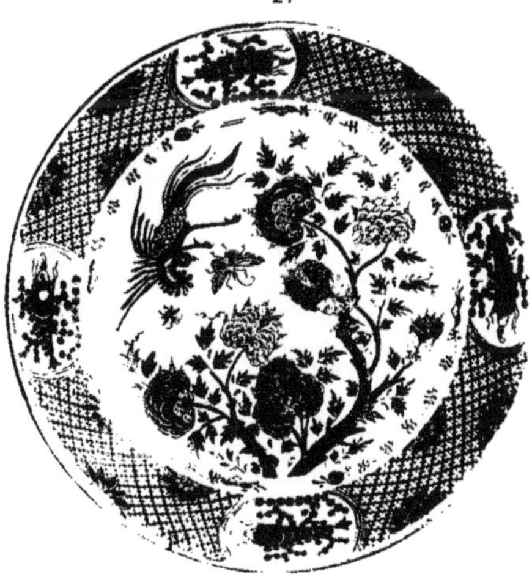

27

21 — **Nevers.** Très grand plat rond à large marli décoré en blanc fixe sur fond gros bleu. Au centre, grand médaillon renfermant un vase contenant un bouquet de fleurs et feuillages avec oiseaux. Le marli est couvert d'un rinceau et d'oiseaux.

Belle pièce.

Diam., 585 millim.

22 — **Rouen.** Aiguière en forme de casque, décor camaïeu bleu de lambrequin, godrons, masque d'homme barbu sous le déversoir, oves et ornements divers.

Haut., 29 cent.

(*Vente Henry Brochon. Bordeaux, mars 1896.*)

23 — **Rouen.** Saucière à deux déversoirs et anses, décor camaïeu bleu de guirlandes fleuries, quadrillés et ornements divers.

Long., 24 cent.

24 — **Rouen.** Très grand plat rond à bord contourné, décor polychrome dit *au léopard*.

Diam., 48 cent.

25 — **Rouen.** Très grand plat rond à bord contourné, décor polychrome à la double corne.

Diam., 50 cent.

26 — **Rouen.** Bourdaloue, décor polychrome de grands branchages de fleurs et feuillages et papillons.

Long., 23 cent.

27 — **Rouen.** Plat rond creux, décor polychrome de *Guillibeaud*. Au fond, médaillon renfermant des grands branchages de fleurs et feuillages, oiseau fantastique et papillons à l'imitation des porcelaines de Chine, entouré et allant jusqu'au bord d'une large bande quadrillée avec quatre réserves contenant des crevettes.

Diam., 305 millim.

(*Vente de Bellegarde, décembre 1904.*)

28 — **Rouen**. Assiette à bord contourné, décor polychrome. Au fond, six personnages orientaux dans un port de mer. Sur le marli et au bord, six quadrillés noirs sur fond vert, fleurs, feuillages et ornements roses. *Fabrique de Levavasseur.*

Diam., 245 millim.

(Vente de Bellegarde, décembre 1904.)

29 — **Rouen**. Assiette à bord contourné, décor polychrome. Au fond, trois personnages orientaux dans un port de mer. Sur le marli et au bord, six quadrillés noirs sur fond vert, fleurs, feuillages et ornements roses. *Fabrique de Levavasseur.*

(Vente de Bellegarde, décembre 1904.)

30 — **Rouen**. Assiette, décor camaïeu bleu. Au fond, un cul-de-lampe. Sur le marli, à la chute et une grande partie du fond, lambrequin rayonnant.

Diam., 245 millim.

31 — **Rouen**. Assiette, décor bleu et rouge vif. Au fond, un cul-de-lampe. Sur le marli et à la chute, lambrequin composé de six guirlandes de fleurs et feuillages alternés de pendentifs.

Diam., 24 cent.

32 — **Rouen**. Assiette, décor de niellés noirs sur fond jaune cuir. Au fond, rosace entourée de fleurons rayonnants en bleu. Sur le marli, large bande de rinceaux alternant avec huit cartouches quadrillés. Petites oves en bleu sur le bord. *Apogée de la fabrication Rouennaise.*

Diam., 24 cent.

33 — **Saint-Clément**. Ecuelle ronde lobée, à deux anses verticales avec couvercle et plateau. Décor polychrome et or de bouquets de fleurs. Le couvercle est surmonté d'un fruit avec feuillage.

Diam. de l'écuelle, 15 cent.
Diam. du plateau, 225 millim.

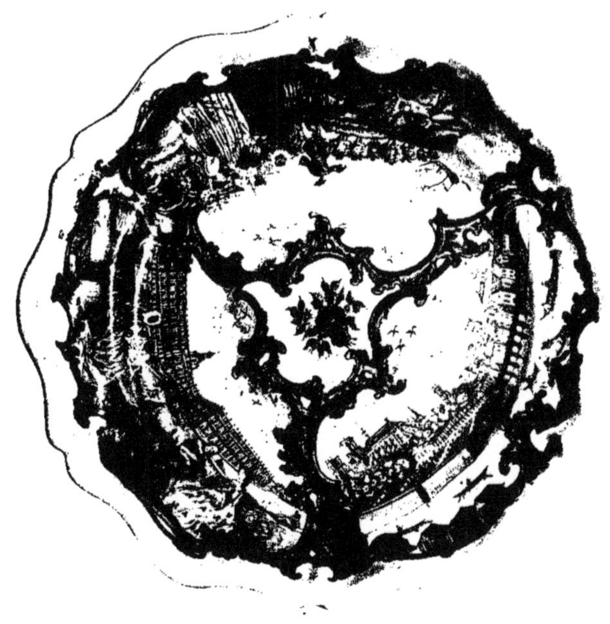

37

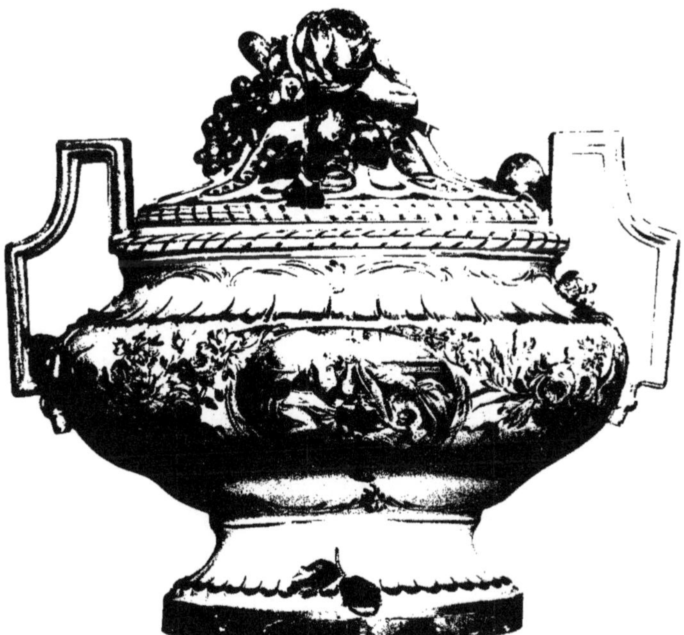

35

850

Fraenkel

34 — **Sceaux**. Assiette à bord contourné, décor polychrome. Au fond, deux oiseaux dont un perché sur un arbuste. Sur le marli, trois bouquets de fruits et feuillages. Au bord, filets bleu et or.

Diam., 245 millim.

10.100

Mme Blanc

35 — **Sceaux**. Brûle-parfums, de forme ovale, sur piédouche et anses grecques verticales et son couvercle ajouré, surmonté d'un gros bouquet de fleurs, fruits et feuillages en ronde-bosse; décor polychrome et or. Sur le pourtour, deux médaillons renfermant, le premier, un intérieur avec personnages, d'après GREUZE, et le deuxième des oiseaux avec arbustes; ces deux médaillons sont reliés par de jolies guirlandes de fleurs et feuillages. *Très belle pièce décorée dans la manière des porcelaines tendres.*

Larg., 30 cent.; haut., 27 cent.

ANCIENNES
FAÏENCES ÉTRANGÈRES

36 — **Alcora**. Petite plaque ovale en hauteur, formée d'un médaillon avec cadre mouluré et fronton, décor polychrome. Saint personnage, berger tenant un livre ouvert, conduisant un troupeau de moutons, dans un paysage montagneux, avec habitations et arbustes. Dans les nuages, quatre amours. Sur le cadre, bande ornementale et filets bleu et jaune orangé. (*Jolie pièce provenant de la vente Henry Brochon. Bordeaux, mars 1896.*)

Haut., 25 cent.; larg., 185 millim.

37 — **Alcora** ou **Marseille**. Assiette à bord contourné, décor polychrome composé de quatre cartouches encadrés d'ornements rocailles à deux tons de jaune. Le cartouche central renferme un bouquet de fleurs; dans les trois autres, sont: 1° une vue de Paris avec l'église Notre-Dame, les bords de la Seine, d'autres monuments, pont et maisons avoisinant la cathédrale; 2° une vue du château de Versailles, côté du parc; 3° une vue maritime avec nombreux personnages, arbres et habitations. Au revers, l'inscription : *M. Le Chevalier de Barrau. (Cette très jolie pièce unique provient de la vente Alexandre Léon. Bordeaux, février 1896.)*

Diam., 245 millim.

38 — **Castel-Durante**. Coupe, décor polychrome en plein. Buste de femme de trois quarts à gauche. Sur une banderole, plusieurs fois repliée, on lit : *Francesca.*

Diam., 215 millim.

(*Vente Garel, juin 1897.*)

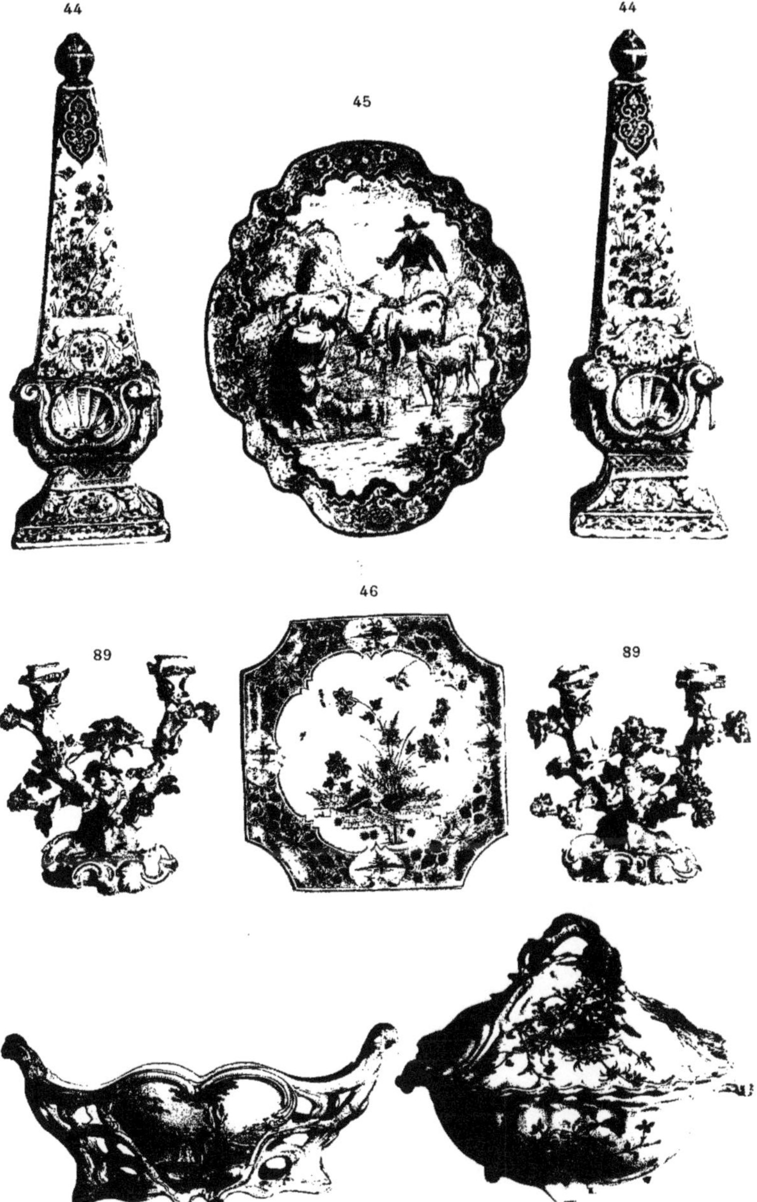

44
45
44
89
46
89
16
10

39 — Castel-Durante. Coupe, décor polychrome en plein. Buste de femme de trois quarts à gauche. Sur une banderole, l'inscription : *Dionora Bella.*

Diam., 22 cent.

(Vente Garet, juin 1897.)

40 — Castelli. Plaque rectangulaire, décor polychrome, composé de nombreux personnages dans un paysage, avec l'inscription : *Il maritaggio di Moïse.*

Long., 315 millim.; haut., 25 cent.

41 — Delft. Petite cafetière sans couvercle, décor bleu, rouge, vert et or, d'*Adrian Pinacker*, dans le goût japonais, composé de pagodes, arbustes fleuris, rinceau et ornements divers. Marqué : *A. P. K.*

Haut., 125 millim.

42 — Delft. Sucrière, forme balustre, avec couvercle en dôme ajouré se vissant, décor camaïeu bleu, de *Louis Fictoor*, à lambrequin, godrons et ornements divers.

Haut., 205 millim.

(Vente Henry Brochon, mars 1896.)

43 — Delft. Huilier et ses burettes, décor camaïeu bleu à compartiments contenant des branchages de fleurs et ornements divers.

Long. du porte-huilier, 175 millim.
Haut. des burettes, 16 cent.

44 — Delft. Paire de grandes pyramides, de forme quadrangulaire, sur piédouche, la partie inférieure est décorée en relief de coquilles et palmettes. Décor camaïeu bleu composé de lambrequins, rinceaux, branchages de fleurs et feuillages, oiseaux et ornements divers. Au revers, le monogramme de *Louis Fictoor. Jolies pièces d'un superbe émail.*

Haut., 17 cent.

(Vente Henry Brochon. Bordeaux, mars 1896.)

45 — **Delft**. Plaque en hauteur de forme ovale, à bord découpé, décor polychrome et or. Très grand médaillon rocaille renfermant un paysage avec personnages et animaux, entouré et allant jusqu'au bord de rinceaux de fleurs, feuillages et ornements divers. *Rare et jolie pièce.*

Haut., 37 cent.; larg., 31 cent.

46 — **Delft**. Plaque carrée à angles rentrants, décor polychrome. Au fond, grand médaillon lobé contenant des baies et branchages de fleurs et feuillages, entouré et allant jusqu'au bord de fleurs et feuillages sur fond vermiculé bleu avec quatre réserves renfermant des arbustes.

Haut. et larg., 27 cent.

(*Vente Alexandre Léon. Bordeaux, février 1896.*)

47 — **Deruta**. Plat rond, décor jaune à reflets métalliques et bleu. Au fond, grand médaillon renfermant saint François d'Assise recevant les stigmates. Sur le marli, huit compartiments rayonnants contenant des imbrications, palmettes et ornements divers.

Diam., 40 cent.

48 — **Deruta**. Petit plat rond à ombilic, décor bleu, jaune et rouge rubis à reflets métalliques, composé, au marli, de godrons. Le milieu et le fond jusqu'au marli sont formés d'ornements géométriques réguliers.

Diam., 255 millim.

49 — **Gubbio**. Petit plat rond à large marli, décor bleu, jaune et rubis à reflets métalliques, composé sur le marli de rinceaux et au fond, d'un motif ornemental.

Diam., 23 cent.

50 — **Hispano-Mauresque**. Plat rond creux à ombilic, décoré d'ornements divers en jaune métallique et bleu sur fond chamois.

Diam., 40 cent.

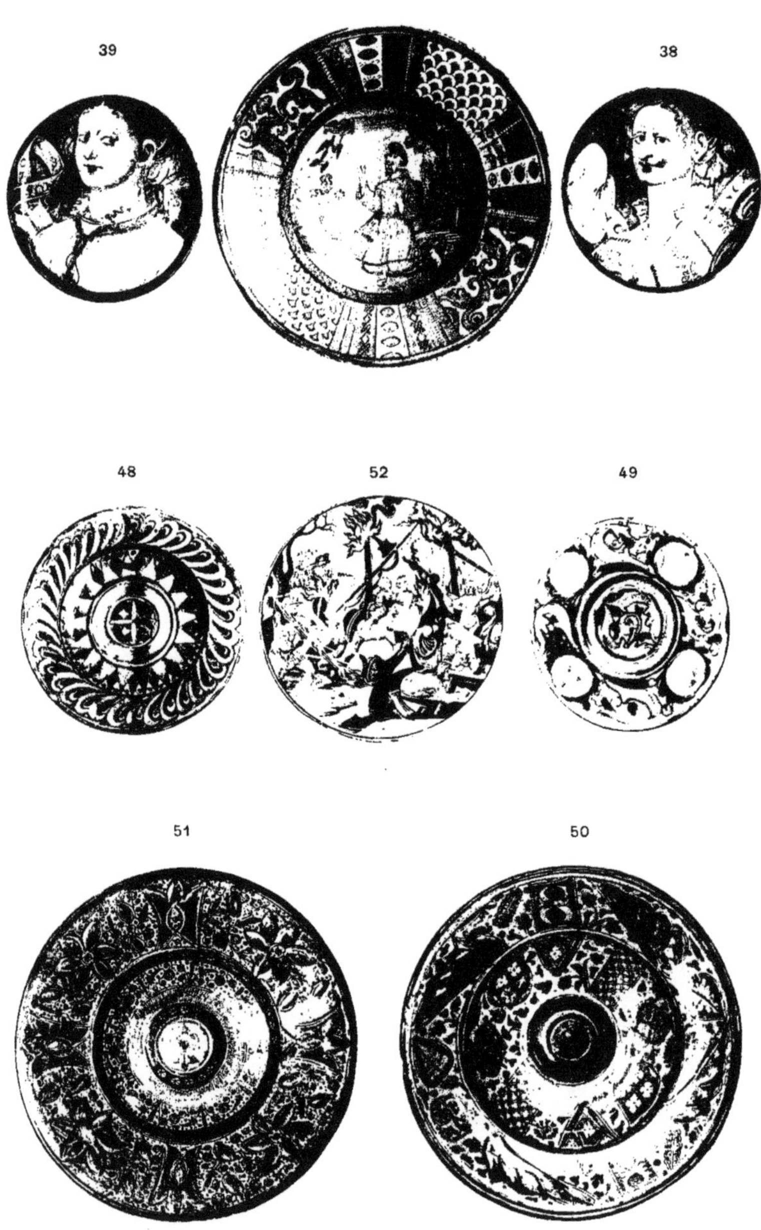
39
47
38
48
52
49
51
50

51 — **Hispano-Mauresque**. Plat rond à ombilic. Sur l'ombilic, un écusson contenant une fleur de lys. Au marli, ornements en relief. Reflets métalliques.

Diam., 41 cent.

52 — **Urbino**. Petit plat rond, décor polychrome en plein d'un sujet composé de nombreux personnages. Cette pièce est marquée des initiales *F. X. R.*, monogramme de *Francesco Xanto Rovigo*, et porte la date: *1535*.

Diam.. 275 millim.

(Vente E. Monteaux, décembre 1897.)

ANCIENNES PORCELAINES
FRANÇAISES ET ÉTRANGÈRES

53 — **Chine.** Pot à eau couvert et sa cuvette à huit pans, décor polychrome de grands branchages de fleurs et feuillages, oiseaux, quadrillés et ornements divers. Monture argent.

Long. de la cuvette, 31 cent.; haut. du pot, 20 cent.

54 — **Chine.** Plat à huit pans, décor polychrome et or. Au fond, branchages fleuris. Le marli est couvert d'un ornement de quadrillés avec marguerites et quatre réserves de fleurs.

Long., 39 cent.; haut., 285 millim.

55 — **Chine.** Quatre tasses, forme gobelet, et leurs présentoirs, décor polychrome de la famille verte.

56 — **Chine.** Théière ronde côtelée, décor polychrome de la famille verte.

57 — **Chine.** Quatre pièces : théière, cafetière sans couvercle, tasse sans soucoupe et petit plateau hexagonal, décor polychrome de guirlandes et bouquets de fleurs.

58 — **Chine.** Huit assiettes, décor polychrome de la famille rose.

59 — **Chine.** Deux assiettes, décor polychrome avec blason au fond, de la Compagnie des Indes.

60 — **Chine.** Deux assiettes, dont une à huit pans, décor polychrome de trois personnages dans un paysage avec pagode, de la Compagnie des Indes, et la deuxième décorée en camaïeu bleu et ornements blancs.

61 — **Japon.** Deux plats ronds, décor camaïeu bleu. Au fond, rocher et grand branchage de fleurs et feuillages. Sur le marli, quatre bandes rayonnantes quadrillées et quatre réserves contenant un branchage.

Diam., 35 cent.

62 — **Japon.** Grand plat, décor camaïeu bleu. Au fond, grand médaillon entouré d'une bande formée d'ornements quadrillés et quatre réserves contenant des branchages de fleurs et feuillages. Sur le marli, quatre bouquets de fleurs.

Diam., 43 cent.

63 — **Louisbourg.** Chocolatière sur trois petits pieds et son couvercle, décor polychrome de bouquets de fleurs. Sur le couvercle et à la partie supérieure de la chocolatière, bandes à vannerie.

Haut., 22 cent.

64 — **Paris.** Grande tasse trembleuse couverte à anneaux et anse mobile et sa soucoupe, décor polychrome et or de guirlandes et médaillons fleuris. *Fabrique du Comte de Provence.*

65 — **Saxe.** Cafetière et son couvercle décor polychrome de personnages dans des paysages.

Haut., 14 cent.

66 — **Saxe.** Tasse à café et sa soucoupe, décor polychrome de bouquets de fleurs.

67 — **Saxe.** Figurine de la série des cris de Paris : le Marchand d'huîtres. Décor polychrome.

Haut., 15 cent.

68 — **Saxe.** Figurine de grand seigneur avec perruque, coiffé d'un tricorne, la canne à la main. Décor polychrome.

Haut., 145 millim.

69 — **Saxe.** Figurine de bergère, le tablier rempli de fleurs, elle en tient une de la main droite ; un mouton est à ses pieds. Décor polychrome.

Haut., 165 millim.

70 — **Saxe.** Groupe de deux personnages sur terrasse rocailleuse. Jeune homme agenouillé, mettant des patins à une jeune dame. Décor polychrome.

Haut., 14 cent.

71 — **Saxe.** Figurine minuscule d'amour, tenant un plateau chargé
d'une tasse. Décor polychrome.

> Haut., 6 cent.

72 — **Saxe.** Deux petites figurines de la série des amours cos-
tumés, l'un, en arlequin masqué tenant une cloche, et l'autre,
une petite fille la jupe retroussée, tenant un éventail de la
main gauche. Décor polychrome.

> Haut., 9 cent.

73 — **Saxe.** Figurine de paysan jouant du flageolet, accoudé à un
tronc d'arbre, ayant à ses pieds un chien. Décor polychrome
et or.

> Haut., 16 cent.

74 — **Saxe.** Petit groupe, décor polychrome, composé d'une jeune
fille donnant à manger à des poules et poussins sur terrasse
rocailleuse.

> Haut., 125 millim.

75 — **Saxe.** Petit groupe, décor polychrome, composé de cinq
enfants musiciens sur terrasse rocailleuse.

> Haut., 14 cent.

76 — **Saxe.** Deux figurines sur terrasse rocailleuse. Jeune homme
jouant de la flûte et jeune femme dansant. Décor polychrome.

> Haut., 14 cent.

77 — **Saxe.** Écritoire avec godets et oiseau en porcelaine mo-
derne. Monture en bronze avec plateau rocaille, une lumière
et fleurettes en porcelaine. Style Louis XV.

> Haut., 22 cent.; larg., 29 cent.

78 — **Sèvres.** Écuelle ronde à anses dorées formées par des
cygnes et son couvercle, ayant comme bouton un serpent,
porcelaine pâte dure, décor polychrome et or, composé de
deux médaillons renfermant les attributs de la musique et
du jardinage, reliés par des quadrillés de myosotis.

> Diam., 17 cent.

79 — **Sèvres**. Partie de service composé de quatorze pièces, neuf assiettes, deux sucriers de forme ovale et leurs plateaux et un bol en porcelaine pâte dure de l'époque de la Restauration, décor polychrome et or de jolies couronnes de fleurs et feuillages sur fond bleu fouetté.

80 — **Sèvres**. Chocolatière couverte, décor camaïeu rose de guirlandes de fleurs. Charnière en vermeil.

81 — Petite écuelle ronde à anses et plateau ovale lobé, décor polychrome et or de médaillons de fleurs, bandes bleues avec pois en or. Porcelaine pâte tendre.

82 — **Sèvres**. Cinq pièces : sucrier, théière, pot à lait sur trois pieds, tasse et soucoupe, porcelaine tendre, décor polychrome d'un semis de roses et feuillages et bandes de lauriers.

83 — **Sèvres**. Petite cafetière porcelaine tendre blanche et filet et dents de loup or.

84 — **Sèvres**. Petite tasse, forme droite, et sa soucoupe porcelaine pâte dure, décor polychrome et or. Médaillons de fleurs et fruits sur fond jaune capucin, couronne de lauriers et filets or sur le bord.

85 — **Sèvres**. Tasse forme cul de poule et sa soucoupe, porcelaine pâte tendre, décor polychrome et or de médaillons et guirlandes de feuillages sur fond rose avec œil de perdrix.

86 — **Sèvres**. Tasse forme droite et sa soucoupe, porcelaine pâte dure, décor polychrome de médaillons contenant des scènes avec personnages chinois sur fond vert clair et filets roses.

87 — **Sèvres**. Tasse à café forme droite, porcelaine tendre, décor polychrome et or de rinceaux et bandes ornementales violet sur fond rose. Marque : *K. K.* et *F. B.*

l o f

88 — **Sèvres**. Deux tasses forme droite, porcelaine dure. Décor polychrome et or de rinceaux sur fond rayonnant or.

1 . 2 oo

89 — **Vienne**. Paire de flambeaux à deux lumières, formées de branchages de fleurs et feuillages en relief sur terrasses rocailleuses. Une figurine d'amour debout sur cette base tient de la main droite un verre plein et, de la gauche, une cruche. Décor polychrome.

Haut., 215 millim.; larg., 22 cent.; prof., 14 cent.

h oo

90 — **Vienne**. Plateau carré à angles rentrants, décor polychrome et or. Au fond en grisaille : composition allégorique de nombreux personnages. Sur le pourtour, quatre sujets romains et quatre têtes de femmes également en grisaille.

30 cent. sur 30 cent.

(Vente Henry Brochon. Bordeaux, mars 1896.)

DESSINS

BOUCHER (D'après F.)

91 — La Surprise. Crayon noir. Collection Donadieu. Encadré.

HUET (J.-B.)

92 — Sujets gracieux. Trois dessins à la plume et lavis de bistre, deux signés et datés : *1789*. Dans le même cadre.

OUDRY (J.-B.)

93 — Chien en arrêt devant un faisan. Crayon noir. Signé et daté : *1741*. Encadré.

ESTAMPES DU XVIIIE SIÈCLE

ALIX (P.-M.)

94 — Sévigné (Mme de). Très belle épreuve, *imp. en couleurs.*

95 — Descartes (R.) — Fénelon. Deux pièces. Belles épreuves, *imp. en couleurs.*

96 — Voltaire. Très belle épreuve, *imp. en couleurs.*

97 — Mirabeau. Très belle épreuve, *imp. en couleurs.*

98 — Helvétius — Linné. Deux pièces. Très belles épreuves, *imp. en couleurs.*

99 — Diderot — Raynal (G.-T.). Deux pièces. Très belles épreuves, *imp. en couleurs.*

BAUDOUIN (D'après P.-A.)

100 — Le Coucher de la Mariée, par Moreau le Jeune et Simonet (E. B. 16). Très belle et rare épreuve, avec les armes, *avant toutes lettres* (petites mouillures et épidermures dans les marges.) Encadrée.

FREUDEBERG (D'après S.)

101 — La Soirée d'Hyver, par Ingouf. Belle épreuve. Encadrée.

102 — La Visite inattendue, par Voyez. Belle épreuve. Encadrée.

HAMILTON et RAMBERG (D'après)

103 — Twelfth Night. — As youlik it. Deux pièces par Ryder et Simon. Encadrées.

JANINET (F.) — FRIESLHEIN (P.)

104 — Sully. Deux portraits différents, *imp. en couleurs.*

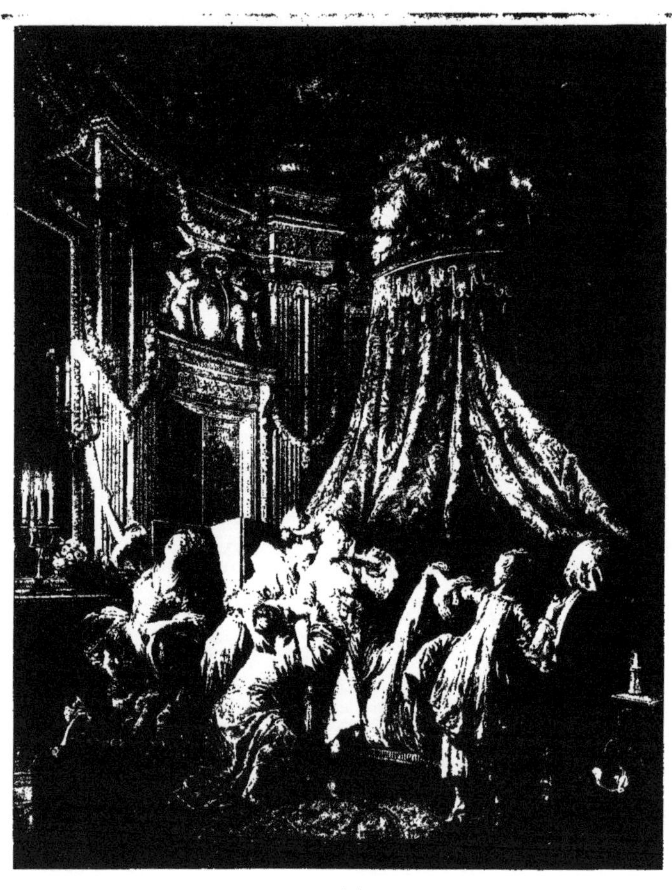

100

LAVREINCE (D'après N.)

105 — L'Aveu difficile, par F. Janinet (E. B. 8). Belle épreuve, *imp. en couleurs, sans marges* (petites taches, épidermures et cassures). Encadrée.

106 — La Comparaison, par Janinet (12). Belle épreuve, *imp. en couleurs, sans marges* (petites épidermures et cassures). Encadrée.

107 — L'Indiscrétion, par Janinet (30). Belle épreuve, *imp. en couleurs, sans marges* (petites taches et restaurations). Encadrée.

MOREAU LE JEUNE (J.-M.)

108 — Le Bal masqué. — Le Festin Royal. Deux pièces. Épreuves épidermées. Encadrées.

PETERS (D'après W.)

109 — *Munch ado about nothing*, par P. Simon. Belle épreuve. Encadrée.

110 — Merry Wives of Windsor, par R. Thew. Belle épreuve. Encadrée.

111 — Merry Wives of Windsor, par P. Simon. Belle épreuve. Encadrée.

SAINT-AUBIN (D'après AUG. DE)

112 — Le Bal paré. — Le Concert. (E. B. 402-403). Deux pièces, se faisant pendants. Très belles épreuves, *avant l'adresse de Chereau* (piqûres). Encadrées.

113 — La Promenade des Remparts de Paris. — Tableau des Portraits à la Mode (378-380). Deux pièces se faisant pendants, remargées. Encadrées.

ESTAMPES ANCIENNES
ET MODERNES

BOILLY (L.)

114 — La Main chaude et pendant. Deux lithographies *coloriées*, sans marges. Encadrées.

BRACQUEMOND (F.)

115 — Faisans, 1899. Deux très belles épreuves *d'état différent*, *signées* (une sur parchemin).

116 — Gypaètes. Deux très belles épreuves d'état différent, *une signée*.

CHAHINE (Edgar)

117 — L'Abside Notre-Dame. Très belle épreuve *en bistre*, sur Japon. *signée*.

GAILLARD (F.) — ROUSSEAUX (G.)

118 — Les Pèlerins d'Emmaüs, d'après Rembrandt. — Mme de Sévigné, d'après R. Nanteuil. Deux pièces sur Chine, *numérotées*.

GOYA (F.)

119 — Felipe IV. — Isabelle de Bourbon. — Gaspar de Guzman. — Balthazar Carlos. — Margarita de Austria. — Felippe III. — Six pièces.

HELLEU (P.)

120 — La Duchesse de Marlborough endormie. Belle épreuve, *signée*.

LEGRAND (Louis)

121 — La Vieille servante. Très belle épreuve sur Japon, *signée*.

LEPÈRE (Auguste)

122 — Un Enterrement dans le Marais vendéen. (L. B. 126.
Très belle épreuve du 1er état, *timbrée*.

123 — La même estampe. Très belle épreuve sur parchemin,
signée.

PORTRAITS

124 — Urfé (Honoré d'). — Fouquet de Belle-Isle. — Talon (O.). —
Mme de Mouchy. — Bossuet, etc. 12 pièces (*3 imp. en couleurs.*)

RUBENS (D'après P.-P.)

125 — *La Gallerie du Palais du Luxembourg peinte par Rubens.
dessinée par les Srs Nattier...* Paris, Duchange, 1710 — 25
pl. en 1 alb. in-fol. cart. ancien.

WALTNER (Ch.-A.)

126 — La Liseuse. Très belle épreuve d'état, sur Japon, *signée*.

127 — La même estampe. Très belle épreuve sur parchemin,
signée.

128 — Quand tu seras fleur devenue. — Tête de Femme, d'après
Carrière. Trois pièces sur parchemin ou Japon (*2 signées.*)

129 — Sous ce numéro, il sera vendu 2 dessins et une lithogra-
phie encadrés.

130 — Sous ce numéro, il sera vendu des cartons de la Société
Française de Gravure, des Amis de l'Eau-forte, etc.

TABLEAUX

BAIL (Franck)

131 — *La Jeune cuisinière.*

Assise sur une chaise, la jeune cuisinière, revêtue d'un tablier blanc, nettoie une marmite de cuivre. A ses pieds, un grand pot de lait et, plus loin, sur une table, un pot de terre.

Signé en bas à droite et daté : *08.*

Toile. Haut., 55 cent.; larg., 46 cent.

BAIL (Joseph)

132 — *Le Cuisinier.*

Il est représenté assis, tenant d'une main un poisson et de l'autre son couteau ; devant lui, sur un tabouret, un chaudron et, à terre, une cuvette à moitié remplie d'eau.

Signé à droite.

Toile. Haut., 73 cent.; larg., 60 cent.

BAUDRY (Paul)

133 — *Le Triomphe de la mort*, d'après Orcayge.

Fragment du « Triomphe de la mort » du Campo Santo de Pise.

Cachet de la Vente au milieu en bas.

Aquarelle. Haut., 35 cent.; larg., 39 cent.

BÉRAUD (Jean)

134 — *Le Boulevard des Italiens par un jour de pluie.*

Signé en bas à droite.

Bois. Haut. 16 cent.; larg., 24 cent.

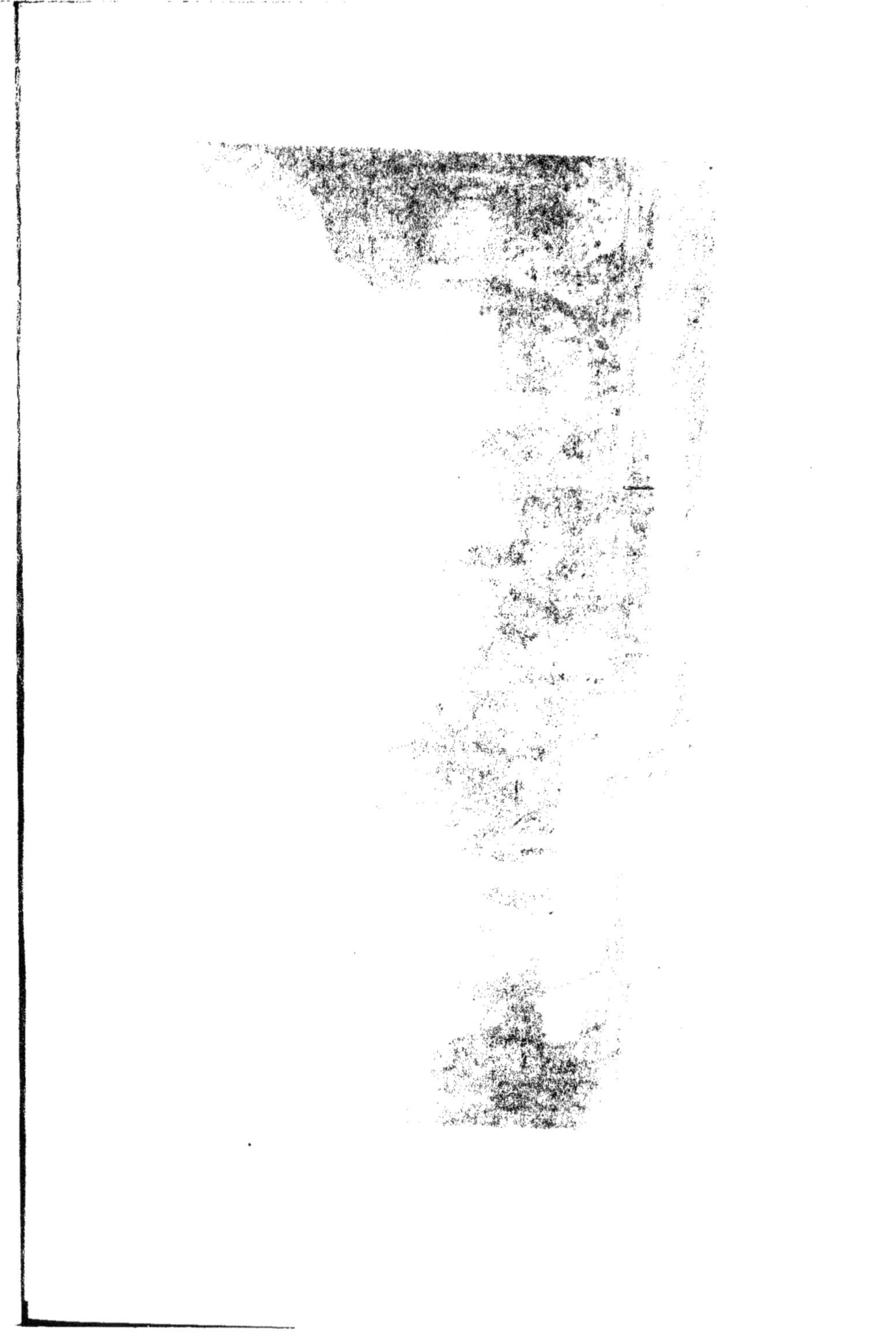

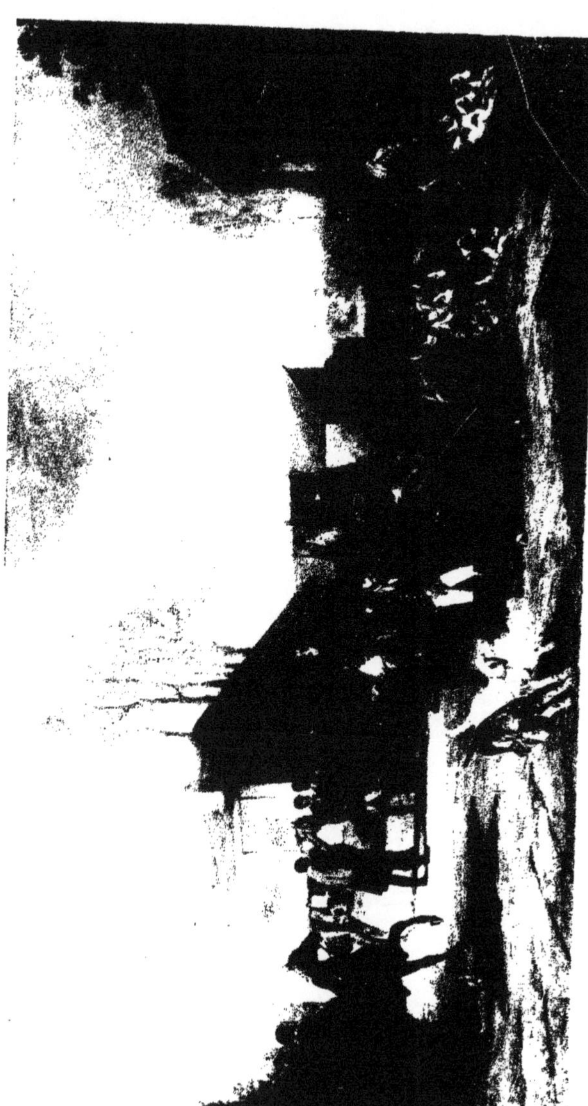

BOUDIN (Eugène)

135 — *Vue de Venise.*

Signé en bas à droite avec dédicace et, à gauche, daté : *Venise.*

Bois. Haut., 26 cent.; larg., 41 cent.

BROWN (John-Lewis)

136 — *Le Rendez-vous de chasse.*

Tous les chasseurs sont au rendez-vous, prêts à partir. Au premier plan, quelques-uns causent entre eux ; à droite, les piqueurs amènent les chiens dont deux sont au premier plan et regardent leur maître. Au fond, les invités se détachent sur la petite maison de chasse ensoleillée par les premiers rayons du matin.

Signé en bas à gauche et daté : *1868.*

Toile. Haut., 1 m. 31 cent.; larg., 2 m. 36 cent.

BROWN (John-Lewis)

137 — *Le Prisonnier.*

Au fond d'une cour, escorté par plusieurs soldats, le prisonnier, dépouillé de ses armes, est amené devant un officier à cheval qui l'interroge.

Signé en bas à gauche.

Aquarelle. Haut., 63 cent.; larg., 52 cent.

CHAPLIN (Charles)

138 — *Les Petits malheureux.*

Deux jeunes enfants mendient au bord de la route. La petite fille, vêtue d'une robe blanche, est debout, pieds nus et tend la main. A ses côtés, un petit garçon est à genoux et semble prier. Par terre, à gauche, un panier avec quelques hardes.

Signé en bas à droite et daté : *1867.*

Toile. Haut., 51 cent.; larg., 32 cent.

DECAMPS (Attribué à)

139 — *Paysage.*

Bois. Haut., 19 cent.; larg., 24 cent.

DELACROIX (Eugène)

140 — *Chef arabe.*

A l'ombre d'un massif d'arbres, le chef s'est arrêté ; il a mis pied à terre, et, debout, dans son costume bleu, en partie dégagé de son burnous, il caresse son cheval blanc, vu de trois quarts et de croupe, harnaché d'une selle rouge. Les figures se détachent sur un fond de paysage avec un ciel d'azur profond.

Signé à gauche en bas.

Pastel. Haut.. 34 cent.; larg , 27 cent.

(Collection Chéramy.)

DETAILLE (Edouard)

141 — *Le Repos.*

En pleine campagne, le général et ses aides de camp ont mis pied à terre, et causent assis sur l'herbe. Plus loin, d'autres officiers consultent la carte en scrutant l'horizon, tandis que leurs ordonnances gardent les chevaux.

Signé en bas à gauche et daté : *1895.*

Aquarelle. Haut., 19 cent.; larg., 33 cent.

ÉCOLE FRANÇAISE

142 — Costumes de théâtre.

Trois figures dans un même cadre.

Aquarelle.

ÉCOLE ITALIENNE

143 — *La Vierge et l'Enfant Jésus.*

Crayon. Haut., 16 cent.; larg., 13 cent.

Cadre en bois sculpté.

FLAMENG (François)

144 — *La Dispute.*

Assis autour d'une table servie, deux des convives se sont pris de querelle. L'un d'eux est debout et brandit de la main droite une assiette qu'il s'apprête à lancer sur son adversaire. Celui-ci se recule sur sa chaise et lève le bras pour parer.

Signé en bas à droite et daté : *88.*

Aquarelle. Haut., 32 cent.; larg., 22 cent.

1.

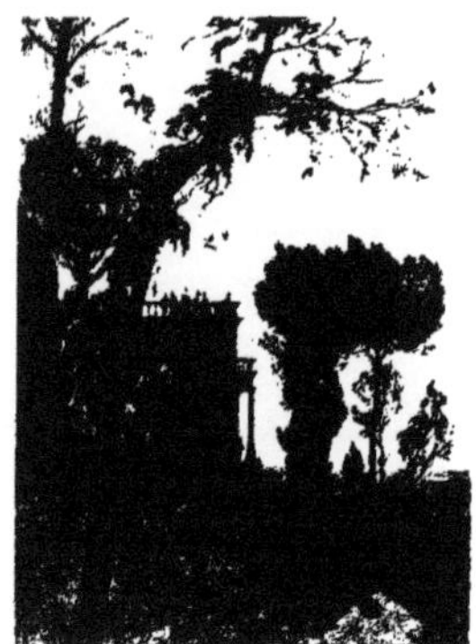

150

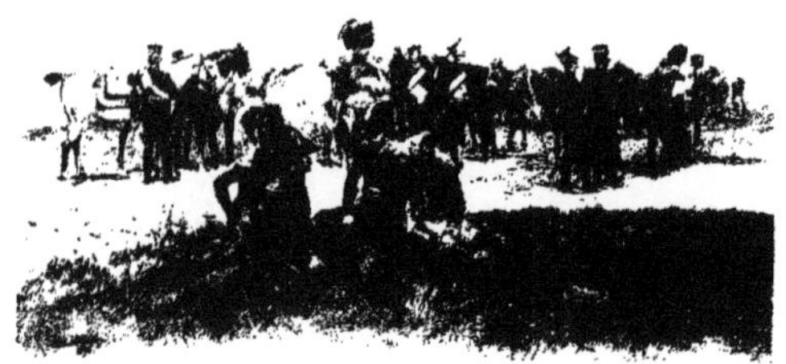

141

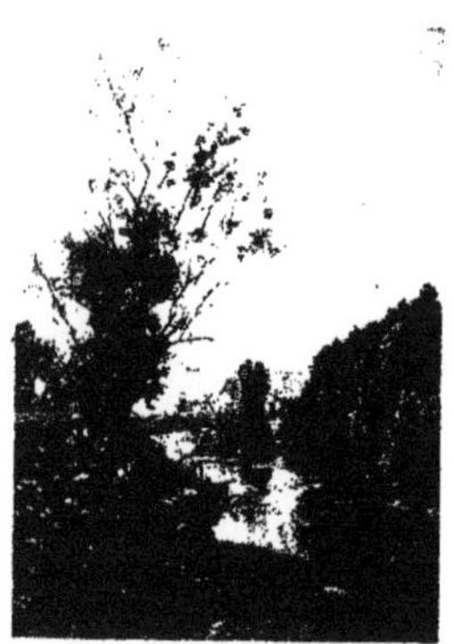

145

FRANÇAIS

145 — *La Seine au Bas-Meudon.*

La Seine coule entre ses rives resserrées et va plus loin caresser les bords d'une petite île. Au pied de la berge, des laveuses lavent leur linge. Au fond, les coteaux de Bellevue. Effet de soleil.

Signé en bas à droite.

Aquarelle. Haut., 33 cent.; larg., 24 cent.

GAVARNI

146 — *La Vigne est en fleur.*

Le propriétaire, les mains dans ses poches, contemple d'un air satisfait son petit carré de vigne qui fleurit.

Signé en bas à gauche.

Aquarelle. Haut., 23 cent.; larg., 15 cent.

GAVARNI

147 — *Le Jardinage.*

Un vieil homme, coiffé d'un fez, arrose les quelques pots de fleurs qu'il a mis le long de son perron.

Signé en bas à gauche.

Aquarelle. Haut., 24 cent.; larg., 17 cent.

GOYA

148 — *La Toilette.*

Signé en bas à droite.

Bois. Haut., 31 cent.; larg., 24 cent.

GOYA

149 — *La Vieille Sorcière.*

Signé en bas à droite.

Bois. Haut., 31 cent.; larg., 24 cent.

HARPIGNIES

150 — *Terrasse de la Villa Médicis, à Rome.*

Un rayon de soleil, au premier plan, éclaire les jardins que visitent quelques personnes dans une allée. Plus loin, la terrasse de la villa se découpe sur le ciel, et, au fond, on aperçoit la ville de Rome, avec le dôme de Saint-Pierre.

Signé en bas à gauche et daté : *1889.*

Aquarelle. Haut., 31 cent.; larg., 23 cent.

HEILBUTH

151 — *Le Départ de Monseigneur.*

Un cardinal s'apprête à monter dans son carrosse, escorté par des prêtres qui s'inclinent respectueusement. Au fond, dans la campagne, on aperçoit un monastère.

Signé en bas à droite.

Aquarelle. Haut., 26 cent.; larg., 45 cent.

HEILBUTH

152 — *La Loge de l'artiste.*

Aquarelle. Haut., 30 cent.; larg., 22 cent.

JONGKIND

153 — *Moulins au bord d'une rivière.*

Un grand moulin à vent, situé sur le bord de la rivière, détache sa haute silhouette sur le ciel azuré. Plus loin, le fleuve poursuit son cours dans la ville, dont on aperçoit le clocher.

Signé en bas à gauche et daté à droite : *19 août 67.*

Aquarelle. Haut., 21 cent.; larg., 35 cent.

LACROIX (DE)

154 — *La Vieille Tour.*

Toile. Haut., 28 cent.; larg., 39 cent.

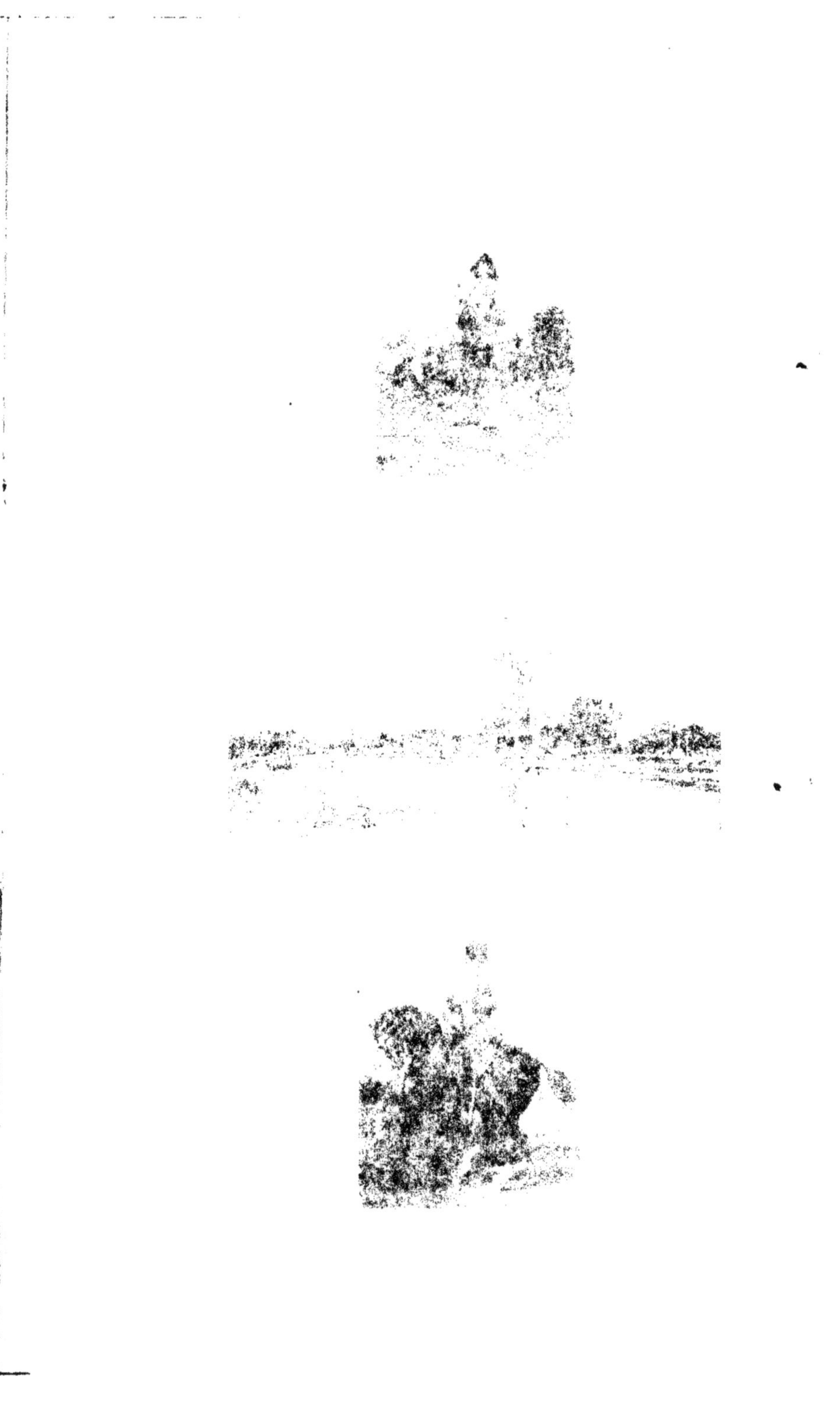

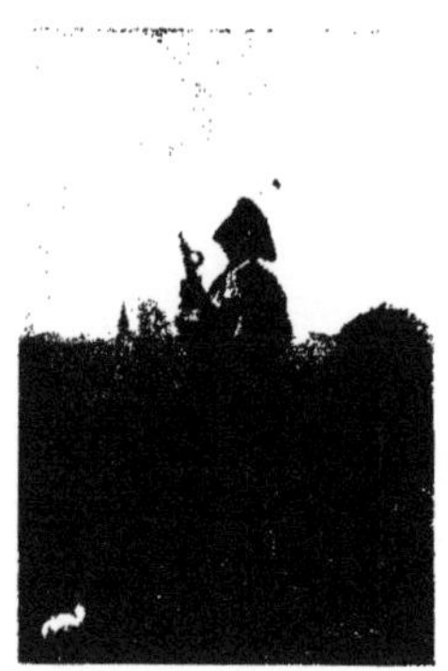

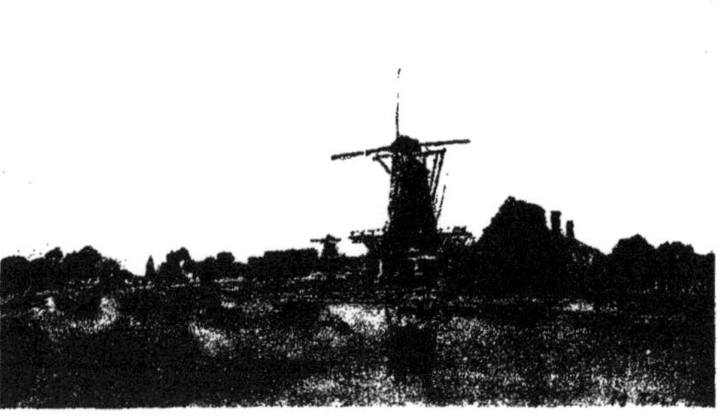

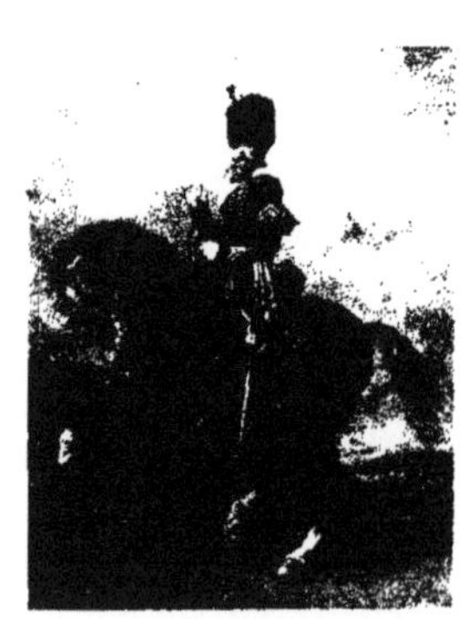

LACROIX (DE)

155 — *L'Entrée du port.*

Toile. Haut., 28 cent.; larg., 39 cent.

Pendant du précédent.

LAMBERT (Eugène)

156 — *Famille de chats.*

Signé en haut à droite.

Pastel. Haut., 16 cent.; larg., 26 cent.

LAMI (Eugène)

157 — *Sous-officier du Second Empire.*

Il est représenté de profil sur un fougueux cheval noir. Il est coiffé d'un bonnet à poil et porte un uniforme bleu à plastron rouge. Sur sa selle, on voit les initiales de l'empereur.

Signé du monogramme en bas à gauche et daté : 70.

Aquarelle. Haut., 21 cent.; larg., 16 cent.

LANDELLE (Charles)

158 — *Femme du Caucase.*

Signé en bas à gauche.

Toile. Haut., 73 cent.; larg., 60 cent.

LELOIR (Louis)

159 — *Le Musicien.*

Au milieu du chemin, un homme est arrêté, son instrument de musique en main. Derrière lui, une niche de pierre avec une madone et au fond, dans la campagne, une petite église vers laquelle descend son compagnon.

Signé en bas à droite et daté : 1880.

Bois. Haut., 23 cent.; larg., 16 cent.

LELOIR (Louis)

160 — *Seigneur Henri IV.*

Il est debout, vêtu de rouge écarlate, et tient une fleur de sa main droite. Il porte son épée en bandouillère et pose sa main gauche sur la hanche.

Signé en bas à droite.

Aquarelle. Haut., 20 cent.; larg., 13 cent.

(*Collection Donatis.*)

LELOIR (Louis)

161 — *L'École des Maris.*

Signé en bas à droite.

Dessin à la plume et lavis.

Haut., 23 cent.; larg., 16 cent.

LELOIR (Louis)

162 — *Monsieur de Pourceaugnac.*

Signé en bas à gauche.

Dessin à la plume et lavis.

Haut., 23 cent.; larg., 16 cent.

LELOIR (Louis)

163 — *L'Aubergiste.*

Signé en bas à droite avec dédicace et daté : *1877.*

Dessin à la plume.

Haut., 29 cent.; larg., 21 cent.

LELOIR (Maurice)

164 — *L'Aveu mal reçu.*

Signé en bas à droite.

Aquarelle. Haut., 33 cent.; larg., 23 cent.

Marqu

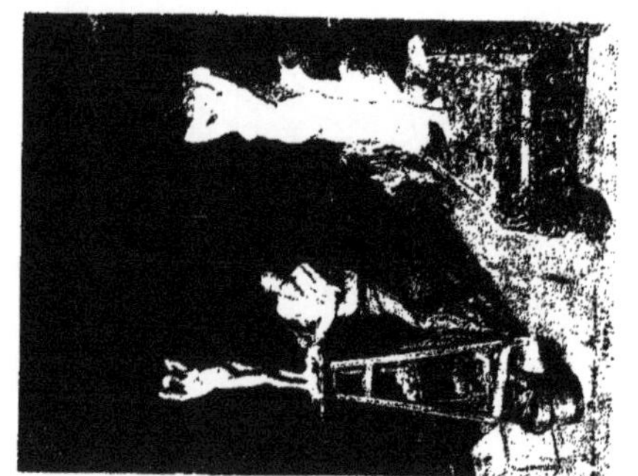

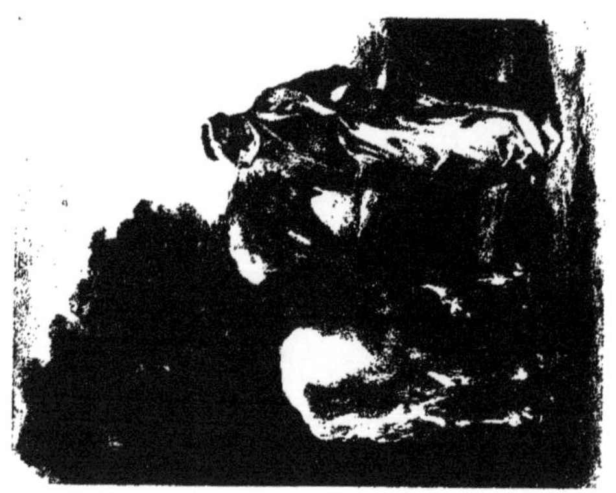

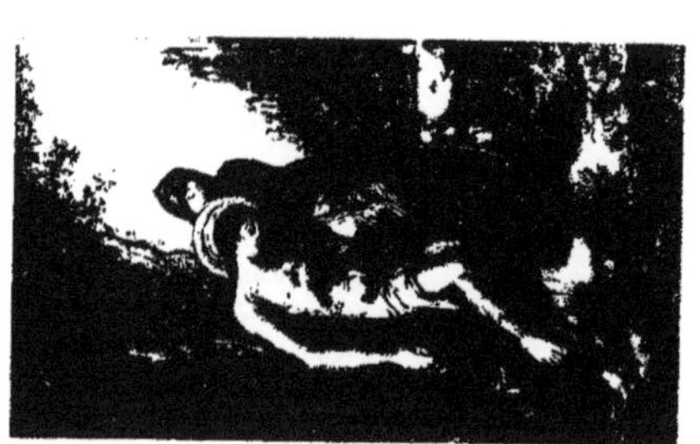

MEISSONIER (Ernest)

105 — *L'Affaire Clémenceau.*

Dans son atelier, le jeune sculpteur en manches de chemise est en-
train de copier amoureusement son modèle. Celui-ci est debout sur un
tapis oriental et tient ses mains derrière sa tête. Ses habits sont posés
plus loin sur des chaises. Par terre, une caisse, un seau d'eau et un
tabouret avec de la glaise. Au fond, contre une tapisserie, une
armoire sur laquelle est posée un buste antique. Une vive lumière
tombe sur les personnages.

Signé en bas à gauche avec dédicace et daté : *1870.*

Aquarelle. Haut., 28 cent. ; larg., 21 cent.

Cadre en bois sculpté.

1892 (*Collection Alexandre Dumas.*)

MEISSONIER (Ernest)

166 — *Gentilhomme sous Louis XV.*

Les mains dans les poches, il est coiffé d'un tricorne, et vêtu d'une
tunique brune et de bas grenats.

Signé du monogramme à gauche et daté : *1866.*

Aquarelle. Haut., 16 cent.; larg., 10 cent.

MEULEN (Attribué à Van der)

167 — *Bataille de Cavalerie.*

Bois. Haut., 31 cent.; larg., 42 cent.

MOREAU (Gustave)

168 — *Saint Sébastien.*

Deux saintes femmes détachent de son arbre le corps de saint
Sébastien percé de flèches.

Signé en bas à gauche.

Aquarelle. Haut., 18 cent. 1/2.; larg., 11 cent. 1/2.

NEUVILLE (Alphonse de)

169 — *La Halte du soldat.*

Au coin d'une petite rue, près d'un pittoresque puits, un soldat à cheval s'est arrêté à la porte d'une auberge, tandis que l'hôtelier sort sur le
pas de sa porte pour voir ce qu'il désire.

Signé en bas à gauche et daté : *1871.*

Bois. Haut., 35 cent.; larg., 27 cent.

NOEL (Jules)

170 — *Le Dîner se fait attendre à l'hôtel du Lion d'Or (Bretagne.)*

La vaste cuisine de l'hôtel est envahie par les voyageurs qui, impatients, pressent le repas.

A droite, devant le feu, la cuisinière fait cuire le poulet. A côté, une jeune femme donne à téter à son bébé. Plus loin, deux voyageurs contemplent la scène, tandis que, devant son fourneau, le cuisinier attend le rôti qui n'est pas prêt. A gauche, un jeune officier lutine une servante qui laisse tomber un légumier. Par terre, sous la table, gisent pêle-mêle des légumes, des fruits et de la vaisselle, tandis qu'en l'air sont pendus des poissons et du gibier. Au mur, des ustensiles de cuisine. Par la porte entr'ouverte, on aperçoit la salle à manger dont la table est servie.

Signé en haut à gauche et daté : *1874.*

Toile. Haut., 98 cent.; larg., 1 m. 30 cent.

(*Salon de 1874.*)

REGNAULT (Attribué à Henri)

171 — *La Jeune Andalouse.*

Toile. Haut., 33 cent.; larg., 24 cent.

ROBERT FLEURY

172 — *Le Croquis.*

Signé en bas à droite et daté : *Rome.*

Toile. Haut., 75 cent.; larg., 99 cent.

ROCHEGROSSE (Georges)

173 — *Salammbô.*

Dans une somptueuse salle de son palais, Salammbô, richement parée, est assise droite sur un tabouret et se contemple dans un miroir que lui tient une esclave. A gauche, une autre servante à genoux prend des bijoux dans une cassette. A terre, gisent de riches vêtements de toutes couleurs et sur une table des brûle-parfums et des vases de toutes sortes. A droite, une autre esclave est agenouillée près d'un coffre plein de vêtements.

Signé en bas à droite.

Aquarelle. Haut., 44 cent.; larg., 31 cent.

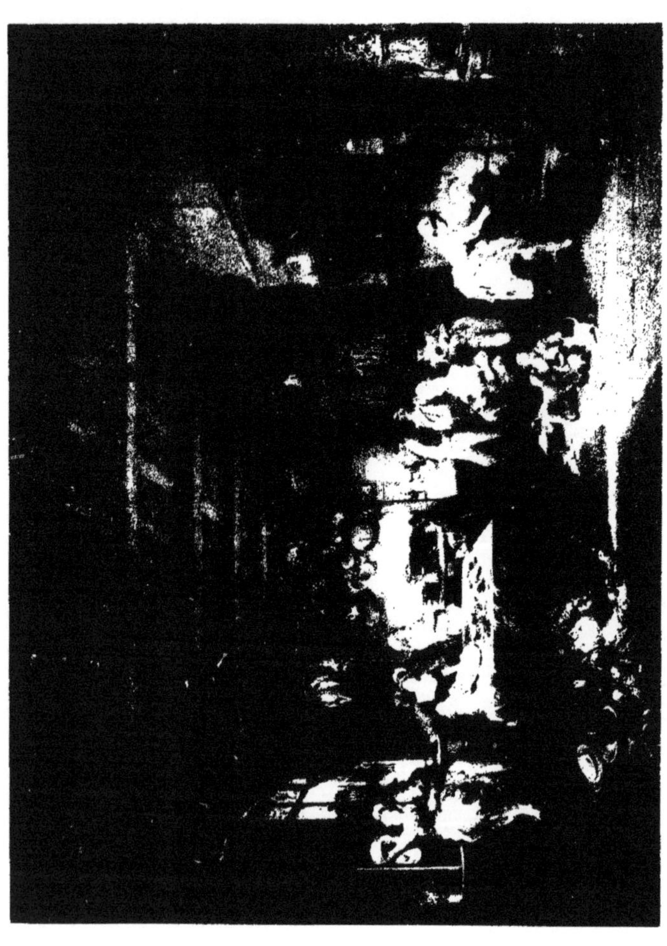

ROSIER (Jules)

174 — *Le Vieux Moulin.*

Signée en bas à droite.

Bois. Haut., 22 cent.; larg., 31 cent.

ROYBET

175 — *Tête de Jeune Homme.*

Il est représenté de buste, la tête, aux cheveux longs et frisés, légèrement inclinée à droite. Il est vêtu d'une tunique de velours rouge.

Signé en haut à gauche.

Toile. Haut., 65 cent.; larg., 51 cent.

THORNLEY

176 — *Le Vieux chêne. Paysage.*

Signé en bas à droite.

Aquarelle. Haut., 45 cent.; larg., 60 cent.

VIBERT (G.)

177 — *Le Départ du Cardinal.*

Assis sur son cheval blanc, tout harnaché de rouge, le jeune cardinal est prêt à partir. De son bras droit étendu il bénit deux jolies Andalouses, dont l'une joint les mains et l'autre s'abrite des rayons du soleil derrière son éventail. Un abbé met une bouteille dans un sac, sur le dos du cheval, tandis qu'un laquais tient l'animal par la bride. Plus loin, un postillon attend, prêt à escorter son maître. La scène se passe dans une superbe cour, dont les arcades sont soutenues par de riches colonnes sculptées.

Signé en bas à gauche.

Aquarelle. Haut., 39 cent.; larg., 56 cent.

VIBERT (Jean-Georges)

178 — *La Lecture du Cardinal.*

Signé en bas à droite.

Aquarelle. Haut., 14 cent.; larg., 19 cent.

179 — Sous ce numéro seront vendus les Tableaux, Pastels, Aquarelles et Dessins non catalogués.

ÉMAUX

180 — Plaque rectangulaire en émail peint de Limoges, xvi⁰ siècle, représentant la Vierge aux sept douleurs.

181 — Plaque rectangulaire en émail peint de Limoges, xvi⁰ siècle : le Christ de pitié, avec la date *1540*.

182 — Plaque rectangulaire en émail peint de Limoges, fin du
xvi⁰ siècle : le Calvaire. Cadre doré.

183 — Petite plaque rectangulaire en émail peint de Limoges,
xvii⁰ siècle, par *J. Laudin*, représentant la Vierge de profil à
gauche. Signée : *I. L.*

184 — Plaque rectangulaire en émail peint de Limoges, xvii⁰ siècle, par *N. Laudin*, représentant sainte Catherine de Sienne
tenant le Crucifix. Signée au revers : *N. Laudin, émailleur
près les Jésuites, à Limoges.*

185 — Plaque ovale en émail peint de Limoges, xvii⁰ siècle, par
I. Laudin, représentant le baptême du Christ par saint Jean.
Encadrement de feuillages en relief. Signée au revers : *Laudin,
aux faux bourgs de Manigne, à Limoges. I. L.*

186 — Plaque rectangulaire en émail peint de Limoges, xvii⁰ siècle, par *Jean Limosin* : allégorie de l'Été, avec la légende
« l'Esté ». Signée : *I. L.*

187 — Plaque en émail peint de Limoges, xvii⁰ siècle : Saint
Ambroise. Signée au revers : *Laudin*. Dans un cadre en bois
sculpté et ajouré à feuillages, orné de trois écussons peints et
d'une plaque en émail peint de Limoges, xvii⁰ siècle, représentant le Christ vu en buste.

188 — Plaque rectangulaire en émail peint de Limoges, xvii° siècle, par *P. Nouailher*, représentant saint Jean l'évangéliste.
Signée au revers : *P. Nouailher*.

189 — Plaque rectangulaire en émail peint de Limoges, xvii° siècle, par *P. Nouailher*, représentant saint Jean vu à mi-corps
et tenant l'agneau sur ses genoux. Signée au revers :
P. Nouailher-Layné, à Limoges.

190 — Plaque rectangulaire en émail peint de Limoges, xvii° siècle, représentant : Saint Bruno vu à mi-corps, tenant un
crucifix dans la main droite.

191 — Plaque en émail peint de Limoges, xvii° siècle : la Sainte
Famille en grisaille. Cadre en marqueterie du xvii° siècle.

192 — Plaque rectangulaire en émail, peint en grisaille; Limoges, xvii° siècle. Sujet tiré de l'histoire de Joseph. Cadre
doré.

IVOIRES

193 — Volet de diptyque en ivoire sculpté : le Calvaire sous un arceau gothique. xive siècle.

194 — Petit diptyque en ivoire sculpté : le Christ de gloire entre les symboles des évangélistes, et le couronnement de la Vierge cantonné de chérubins. xive siècle.

195 — Statuette à mi-corps : saint Jean-Baptiste bénissant. Ivoire. Espagne, xviie siècle.

196 — Statuette de saint Simon debout, tenant une scie. Ivoire, xviie siècle.

197 — Petit groupe en ivoire sculpté : la Vierge portant l'Enfant Jésus. xviie siècle.

198 — Petite applique en ivoire, figure allégorique du feu. xviie siècle.

199 — Vase avec couvercle en ivoire sculpté, composition de style antique : sujet de chasse sur le couvercle. Monture en bois doré.

OBJETS VARIÉS

200 — Petit bas-relief en bois sculpté : le Calvaire, sous une triple arcature gothique. xve siècle.

201 — Quatre petits bas-reliefs en bois sculpté et peint, du xviie siècle, représentant des cortèges de personnages.

202 — Petite coupe en cristal de roche ; monture en argent niellé et doré.

203 — Petite boîte avec couvercle, en forme de dôme, en cuivre gravé de la Perse.

204 — Calice en cuivre doré avec coupe en argent, nœud orné de petites rosaces en argent et pied présentant deux écussons armoriés, avec traces d'émail. xve siècle.

205 — Plat creux en dinanderie, orné d'une rosace.

206 — Deux aiguières avec plateaux en cuivre rouge repoussé, à godrons et grappes de raisin.

207 — Fontaine en forme de vase avec couvercle en cuivre jaune et rouge, à décor de godrons et feuillages.

208-209 — Trois lanternes variées en fer doré, de travail vénitien.

210 — Deux statuettes en bronze : Molière et Corneille.

211 — Deux candélabres en bronze patiné et doré, à figures de Mercure et de Flore. Epoque Restauration.

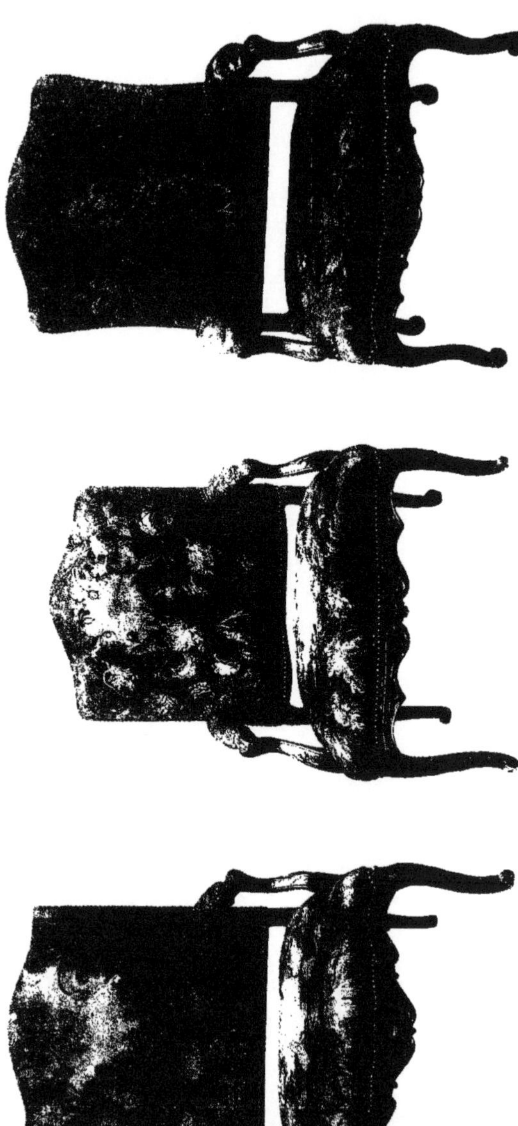

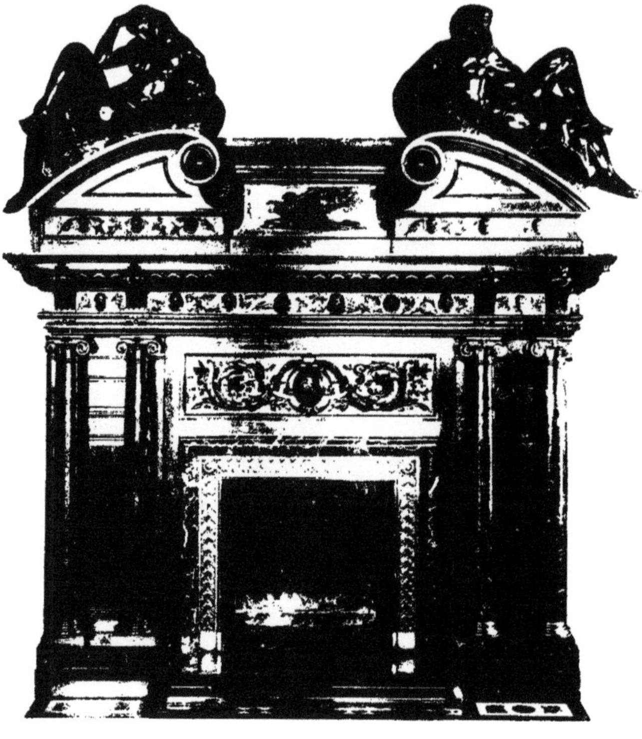

MEUBLES

212 — Fauteuil en bois sculpté à coquilles et feuillages ; il est couvert en tapisserie à grosses fleurs et fruits sur fond bleu du temps de la Régence.

213 — Fauteuil en bois sculpté à coquilles, feuillages, rocailles et quadrillés, couvert en tapisserie à petits paysages encadrés de pavots. Époque Régence.

214 — Fauteuil en bois sculpté à coquilles et feuillages, couvert en tapisserie à petits paysages encadrés de gros pavots avec oiseaux. Époque Régence.

215 — Bureau-scriban en bois incrusté de cuivre découpé, à décor d'animaux, personnages et rinceaux. Il repose sur quatre pieds tors avec croisillon, et est muni d'une porte et de neuf tiroirs, ainsi que d'une tablette mobile. XVIIe siècle.

216 — Table en bois sculpté, reposant sur quatre pieds-balustres réunis par une traverse ornée également de trois petits balustres.

217 — Vitrine plate en cuivre et glace, s'adaptant sur la table précédente.

218 — Enveloppe de cheminée en bois sculpté et marbre, ornée de hauts reliefs en bronze doré à figures de Balzac, Victor Hugo, etc., signés *Leroux, 1896*, et provenant de la *Maison Thiébault*. Elle est surmontée de deux statuettes en bronze, de la *Maison Barbedienne* : le Jour et la Nuit, d'après MICHEL-ANGE.

219 — Grande et petite bibliothèque en marqueterie de bois de couleur, garnies de bronzes. Genre Louis XV.

220 — Grand bureau plat en bois de placage, muni de trois tiroirs et orné de chutes, poignées de tirage, encadrements, etc., en bronze doré. Genre Louis XV.

ÉTOFFES, TAPISSERIES

221 — Panneau en velours rouge, orné de broderies italiennes du xvi⁰ siècle, à rinceaux feuillagés avec figure de saint André.

222 — Quatre orfrois en broderie d'argent doré et de soie à figures de saints sous des dais. Travail italien du xvi⁰ siècle.

223 — Bande de tapisserie flamande du xviii⁰ siècle à décor de rinceaux fleuris avec perroquet, corbeille de fruits et pièces d'orfèvrerie.

Haut., 33 cent.; long., 2 m. 15 cent.

224 — Tapisserie rectangulaire flamande de la fin du xvi⁰ siècle : la Sortie d'Égypte ; composition de nombreux personnages sur fond de paysage. Bordures rapportées de même époque à personnages, fruits et fleurs.

Haut., 3 mètres ; larg., 4 m. 80 cent.

225 — Quatre bandeaux en tapisserie, à personnages, animaux et feuillages. Genre Renaissance.

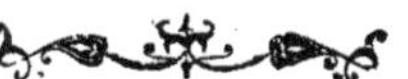